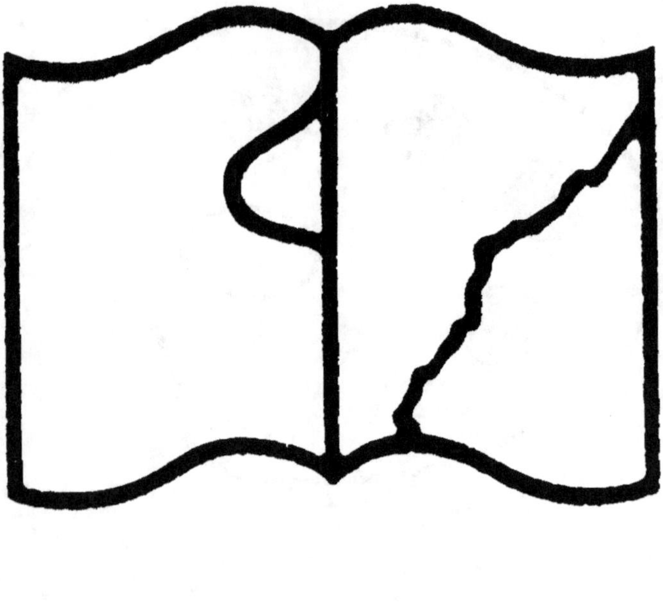

THÉATRE DE L'INFANTERIE DIJONNOISE

ASNERIES

OU LES

QUATRE JEUX

JOUÉS CONTRE LE GRAND MAISTRE
DES EAUX ET FORESTZ

AVEC LA CHANSON DES SATYRES
1576

PIÈCE INÉDITE

A DIJON
CHEZ DARANTIERE, IMPRIMEUR
65, Rue Chabot-Charny, 65
1887

ASNERIES

JUSTIFICATION DES TIRAGES :

100 exemplaires sur papier vergé teinté
  5   —   —   du Japon
  3   —   —   de Chine

DÉJA PARUS DANS LA MÊME COLLECTION :

Les Nopces de Bontemps avec la Bourgogne.
Le Réveil de Bontemps.

THÉATRE DE L'INFANTERIE DIJONNOISE

ASNERIES
OU LES
QUATRE JEUX
JOUÉS CONTRE LE GRAND MAISTRE
DES EAUX ET FORESTZ
AVEC LA CHANSON DES SATYRES
1576

PIÈCE INÉDITE

A DIJON
CHEZ DARANTIERE, IMPRIMEUR
65, Rue Chabot-Charny, 65

1887

PRÉFACE

Voici la plus ancienne pièce du théâtre de l'Infanterie dijonnaise ; elle est de 1576. A remonter plus haut, on ne rencontre que la nuit. Il faut donc se tenir à cette date comme point de départ.

Peut-être est-ce le lieu de se demander quel fut le rôle de cette fameuse Infanterie au xvie siècle, époque de renaissances et de transformations sans nombre. Tout porte à croire que, dans la première partie de ce siècle, son rôle se borna à servir de garde et d'accompagnement à *Mère-Folie*, ainsi que le mot d'*infanterie* (1) l'indique. Mais, après 1550, on

---

(1) Infanterie, dit Littré, s'entend aussi des gens qui entourent une personne et marchent à ses côtés. Ainsi Mme de Sévigné, en octobre 1675,

peut supposer qu'elle essaya des sorties pour son propre compte, sans la *Mère*, celle-ci étant encore une personne religieuse, une émanation de la Sainte-Chapelle des Ducs; celle-là, au contraire, s'offrant à nous comme une réunion de personnes civiles. Pour le moment, sans poursuivre davantage ces différences, constatons que le rôle de l'Infanterie est très nettement défini dans ce passage du 2... *joué* contre le grand maître des eaux et forêts :

```
                                          (prince,
Nous n'avons tous les ans la naissance d'ung
Nous n'avons tous les ans gouverneur de province
Pour lequel nous puissions, à son avènement,
Ou retour désiré, prendre quelque argument.
```

L'argument doit s'entendre ici par *le motif du jeu*; ainsi donc, en dehors de la naissance d'un prince ou de l'entrée d'un gouverneur dans

---

écrivait : « Vous avez peur que les loups ne me mangent (dans mes promenades)... Il est vrai qu'ils feraient un assez bon repas de ma personne; mais j'ai tellement mon infanterie autour de moi, que je ne les crains point. »

Dijon, l'Infanterie ne donnait pas de représentations dignes de ce nom.

Au reste, durant les guerres de religion, il est à croire qu'il n'y eut pas de *jeux*, et que pendant quelque temps la Compagnie sommeilla :

Que nous falloit-il plus pour nostre Infanterie
Qui sembloit à d'aulcuns de tout point endormie,

s'écrie le 1ᵉʳ *Fol* qui ouvre le second jeu (1), en se félicitant du grand éclat produit par l'*asnerie* dont il sera tout à l'heure parlé avec détail.

On peut donc affirmer que, dans un laps de plusieurs années, l'Infanterie dormit; mais qu'après ce sommeil, elle s'éveilla transformée. De cléricale, elle était devenue laïque. En effet, était-il possible aux prêtres, qui avaient le privilège spécial de se déguiser et de jouer la Mère-Folle, de sortir travestis par les rues, en face de leurs adversaires les huguenots ? Bon

---

(1) Et, de même, au quatrième jeu, les Dieux ont décidé que Mère-Folie
   Ayant esté si longtemps endormie
   Se réveillast de son profond sommeil.

gré, mal gré, la réforme religieuse eut pour effet immédiat de réformer les mœurs du clergé catholique, au moins extérieurement. Mais à quelle date précise et comment se fit, à des laïques, le transfert du privilège uniquement concédé par les ducs, puis par les rois, aux membres du clergé de la Sainte-Chapelle ? voilà ce qui restera toujours obscur, faute de documents.

A l'époque où nous nous trouvons, c'est-à-dire en 1576, nous assistons en quelque sorte au réveil de l'Infanterie. Ses premiers pas sont lourds; ses membres paraissent encore engourdis à la suite d'un assez long assoupissement. Ce qui l'a réveillée, c'est un fait inouï. Un homme, et comme le dit l'un des vignerons : « *ung gran milleri homme,* » a battu sa femme, et cela dans quel mois ? Ecoutez.

Parmi les douze mois de l'année, il en est un qu'ont chanté tous les poètes, un qu'ont célébré tous les amants, mois où la femme est sacrée ; c'est l'époque du renouveau, où tout aime et soupire ; c'est la jeunesse de l'année :

O Primavera, gioventù de l'anno !

Partout on fête l'ouverture de ce mois;

dans tous les villages on plante le *Mai*; furtivement, mystérieusement, de nuit, l'amant dépose des fleurs sur la fenêtre de la bien-aimée,

> En ce doux tems d'esté,
> Au joly mois de May,

dit le roman de Fauvel (XIIIᵉ siècle). Alexis Piron lui-même a tourné un charmant triolet en patois bourguignon sur ce thème toujours ancien, toujours nouveau :

> Le premei jor du moi de Mai
> A le pu bea jor de l'année ;
> Lé pu greigne son tôjor gai
> Le premei jor du moi de Mai.
> Dei veuille que Mônsieu Dumai
> Chante aivô moi lai retonée :
> Le premei jor du moi de Mai
> A le pu bea jor de l'année (1).

Or, c'est précisément dans ce mois-là que M. Elie du Tillet, originaire du Mans, grand maître des eaux et forêts en Bourgogne, a battu sa femme :

Le malheur a voulu qu'il a battu sa femme,
Encore en ce pays, en étrange (2) maison,

---

(1) Lettre du 1ᵉʳ Mai 1755 à M. l'abbé Dumay.
(2) *Etrange maison*, c'est-à-dire dans une maison étrangère, et non pas chez lui, ce qui ag-

Encor devant les gens, encore en tel (*sic*) saison;
La battre au mois de May! n'est-ce pas un difame?

Et ailleurs, Mère-Folie nous apprend que

> Au mois de may, en ceste ville,
> Les maris les plus rigoureux
> Laissent leur femme bien gentille
> Maistresse dedans leur maison;
> Aussy est-ce bien la raison
> Que des douze mois de l'année
> La pauvre femme fortunée
> Se puisse aider du droict commung.

Une femme battue au mois de mai, tel est donc le sujet des *quatre jeux*, dont nous allons donner une courte analyse, après avoir fait remarquer combien nous sommes loin de cette Mère-Folie dont les plus agréables passe-temps seront des traits de satire lancés contre les femmes. Elle débute, ici, en prenant en main leur cause, et contre qui? Contre un homme du plus haut rang, contre un homme qui venait d'être reçu à la cour de Henri III! Cette

---

grave son cas. De plus, il n'est pas Bourguignon; il se trouve « *en ce pays*, » appelé par son office, et le fait s'est passé à table, en présence des gens de l'« étrange maison. » Ainsi les charges s'accumulent contre lui.

attaque était bien hardie; elle eut des suites graves. En tous cas, elle témoigne de la puissance redoutable qu'exerçait l'Infanterie dans Dijon.

1ᵉʳ jeu.

Ce jeu ne comprend que trente-neuf vers. C'est une simple parade ou annonce que fait l'Infanterie, vers le soir, convoquant à venir prendre part à « *l'asnerie,* » d'abord tous les « *Semy-Dieux* » des forêts; puis, toutes les personnes occupées dans les bois : charbonniers, bûcherons, etc. Deux vignerons entrent aussi en scène pour dire qu'eux également veulent prendre part à la *feste.*

Un mot sur l'*Asnerie.* Cette expression signifie qu'on va *mener l'âne* à la porte de la personne qui a été signalée comme ayant commis un méfait conjugal dans le cours de l'année. La chanson, ou plutôt Pierre Dupont le dit :

>   Si l'on sait dans le voisinage
>   Que ma Jeanne m'a souffleté,
>   Au mardi-gras, c'est un usage,
>   Sur l'âne je serai monté, *etc.*

On se souvient que, durant les fêtes de la

Mère-Folle, au Moyen Age, l'âne était un personnage sacré, et qu'en cette qualité on l'introduisait dans l'église, tandis que le prêtre lui chantait une *Prose* moitié en latin, moitié en français :

> Orientis partibus
> Adventavit asinus
> Pulcher et fortissimus,
> Sarcinis aptissimus.
> Hez, sire Asne, chantez !
> Belle bouche, rechignez,
> Vous aurez du foin assez
> Et de l'avoine à plantez (1).

De clérical, le voilà devenu, lui aussi, un simple laïc ! Il traîne sa ridicule personne par les rues ; on le mène, en dérision, à la porte de l'homme qui a battu sa femme ou qui s'est laissé battre par elle (2). Le progrès des

---

(1) *A planté*, c'est-à-dire *en abondance*.
(2) Sur les fêtes du mois de Mai et la promenade de l'âne, nous avons lu une dissertation dans un manuscrit que possède la bibliothèque de Dijon. Cette dissertation laisse à désirer ; cependant, comme il y a deux ou trois faits cités qui ne sont pas sans intérêt, nous nous proposons de la publier. L'auteur ne nomme pas le maître des eaux et forêts auquel l'aventure de Dijon arriva ; il dit seulement que ce personnage était descendu

mœurs ne lui a pas été profitable, comme on le voit. Il n'entendra plus résonner à ses oreilles la mélodie sacerdotale, la belle *Prose* faite en son honneur, alors qu'en pompe et couvert d'une chape on l'introduisait solennellement dans l'église, jusqu'à l'autel où se célébrait l'office. C'est par les rues fangeuses, au milieu d'une foule armée d'instruments *charivaresques*, qu'on le promènera désormais, et il se croira de la sorte revenu aux jours anciens où les Corybantes, au bruit des cymbales et des hurlements, le traînaient à leur suite, au travers des villes de la Phrygie.

2ᵉ *jeu.*

C'est le premier jour de l'*asnerie*. Pendant qu'on mène l'âne, une courte représentation

---

à l'auberge de la Croix d'or, en 1583. Clément-Janin donne la même date et nomme la même hôtellerie à la page 42 de ses *Hôtelleries dijonnaises*. Selon lui, le nom du grand maître des eaux et forêts était *Baillet*. — V. aussi Tabourot. — C'est d'après le manuscrit Bouhier que nous avons donné les indications sur du Tillet, indications qui diffèrent de celles-ci.

de quatre-vingt-deux vers se donne, selon la promesse qu'avait faite l'un des vignerons à la fin du 1ᵉʳ jeu :

Aï Deï, jeuqu'aï demain, que je diré lou reste;
Ç'a t'aissé por ce soi tréselai ceste feste.

Les deux *fols* qui sont en scène paraissent ignorer l'affaire de « *l'homme dé boo* (1); » ils se demandent quel sujet traiter? Il y a disette de matière! Cependant il faut sortir, il faut se mettre en campagne, montrer les anciennes vertus,

..... aultrement l'on dira
Que l'honneur dijonnois pour jamais croupira.

Ils trouvent donc, en cherchant bien, qu'il y aurait matière à gausser sur les maris qui

S'efforcent à l'envi de faire leur debvoir,
Sur leurs femmes touchant (*si fort*) que la
[marque elles portent.

Alors intervient le 1ᵉʳ vigneron; celui-ci leur apprend le fait d'Elie du Tillet, «*ung gran, bén gran Mônsieur,* » qui, ayant appris que sa femme avait dansé (sans doute pour les fêtes

---

(1) *L'homme des bois*, cela va de soi, c'est le grand maître des eaux et forêts.

qu'on donnait le 1ᵉʳ mai), lui a distribué force soufflets tandis qu'on était à table. Le 2ᵉ *fol* trouve cela étrange :

Car l'on dance à Paris aussi souvent qu'icy;
L'on y rit, l'on y boit, et, sans rien entreprendre,
Les maris n'oseroient leurs femelles reprendre.
Il y a d'aultres cas qui le firent fascher.

Peut-être. Quoi qu'il en soit, son procès est fait et parfait :

Sus donc, asnes, venez! asnes de toutes sortes, etc.

3ᵉ jeu.

Ce jeu comprend quatre-vingt-quinze vers de dix syllabes. L'affaire est censée se compliquer. Comme Elie du Tillet et sa femme ne sont pas de la Bourgogne, deux Parisiens viennent réclamer, prétendant que seuls ils ont droit de juger ce cas.

1ᵉʳ PARISIEN

C'est trop souffrir à ceste Infanterie
Braver, gausser, *asniser* et s'ébastre,
Aller en trouppe et faire les folastre,
Du faict duquel ils *mènent l'auderie*...
Ne craignons pas toute leur banderie, *etc.*

Asniser, mener l'auderie ou *l'anderie*, et

faire *banderie* (1), voilà des mots nouveaux, inconnus au dictionnaire de l'Académie. *Asniser*, c'est mener l'âne; l'*auderie* paraît être la musique (ou le charivari) dont on accompagnait la menée de l'âne :

> I seu san fôrce ne vortu
> Quan i entan lai mélôdie;
> Ç'a lou chan de cette *auderie*
> Que l'on compozai aivantei (*avant-hier*),

dit un vigneron dans le 4ᵉ jeu.

Le 2ᵉ Parisien se montre offensé de ce qu'on traite si cavalièrement leur homme, M. Elie du Tillet :

> ..... Dictes, je vous en prie,
> Ont-ils raison, parler d'ung si grand Maistre,
> Homme d'Estat, de valeur et grand estre ?

―――――

(1) Dans d'autres pièces on lit *branderie* (ce mot indique la bande, la troupe des fous) :

> On m'ai di qu'aujord'eu on varro *branderie*
> Que Bon-Tan marcherô aivô l'Infanterie !

Quant au mot *auderie* (préférable à *anderie*, car on entrevoit son origine dans *audire*, entendre), il a dû être abandonné assez tôt, puisque on ne le retrouve plus dans les autres pièces en patois bourguignon.

Il atténue, il excuse même la faute de du Tillet :

> Quoy ! pour avoir tourné son bras à table,
> En faut-il tant sonner le tabourin ?

Mais nos Parisiens ont beau faire ; Mère-Folie rejette leur demande et les ajourne à cent ans, jugement qui fait bondir de joie l'un des vignerons :

> J'aivon gaigné, et voz éte dedan !...
> Voz aivé bea ai refrogné lé dan !

4° jeu.

Nous allons *crescendo* ; l'action s'est étendue. Il a été plaidé non seulement sur terre, en faveur de du Tillet, mais aussi dans le ciel, à la cour des Dieux. C'est *Mercure* qui descend de la voûte éthérée tout exprès pour apprendre au public que le débat a été porté au pied du trône de Jupiter par le dieu des Enfers, Pluton,

> Accompagné de s'amye Proserpine.

Pluton a perdu sa cause ; le maître des Dieux a décidé en faveur de la Mère-Folie. Celle-ci, en conséquence, engage ses « *braves enfans et ses petitz amys* » à poursuivre leurs jeux :

..... Et faictes que l'on die
Plusieurs sonnetz et sons par mélodie !

Ce jeu ne comprend pas moins de cent quatre-vingt-quatorze vers, et l'on y remarque une scène de Mère-Folie avec *Echo*; c'est, croyons-nous, la première fois qu'on ait tenté de mettre Echo sur le théâtre. Bien des poëtes, aux xve et xvie siècles, avaient fait de courts dialogues non joués, où cette nymphe donnait la réplique ; peu y ont aussi bien réussi que Joachim du Bellay. Voici le dialogue entre *un Amoureux et Echo*, qu'on trouve parmi ses poésies :

Qui m'oste ainsi de raison le devoir ?
— De voir (1).
Qui est l'auteur de ces maulx avenus ?
— Vénus.
Comment en sont tous mes sens devenus !
— Nuds.
Qu'estoy-je avant qu'entrer en ce passage ?
— Sage.
Et maintenant que sens-je en mon courage ?
— Rage.

---

(1) Sous-entendu : *ta belle amie.*

Qu'est-ce qu'aymer et s'en plaindre souvent?
— Vent.
Que suis-je doncq, lorsque mon cœur en fend?
— Enfant.
Qui est la fin de prison si obscure?
— Cure (1).
Dy moy, quelle est celle pour qui j'endure?
— Dure.
Sent-elle bien la douleur qui me poingt?
— Point.

On pourra comparer ce petit dialogue avec celui d'Echo et de Mère-Folie.

Les quatre jeux se terminent par une *chanson des Satyres* dont le sentiment est fort délicat pour l'époque. La femme y est considérée comme un être gracieux qu'il ne faut jamais frapper, pas même avec des roses :

Car la femme n'est rien que la douceur du monde!

c'est-à-dire qu'elle est la plus douce chose de l'univers. Lecteurs, n'est-ce point votre avis?

J. D.

Paris, 6 mars 1887.

---

(1) *Cura*, soins, soucis.

PREMIER JEU

Personnages :

1ᵉʳ FOL, — 2ᵉ FOL, — MÈRE FOLIE, — 1ᵉʳ VIGNERON, — 2ᵉ VIGNERON.
La scène se passe dans Dijon

1ᵉʳ FOL

Silvains et semy-Dieux qui, vassaux de Diane,
Habitez aux forestz les antres ténébreux,
Sortez ! Sortez aussy Satyres de vos creux
Et venez avec nous pour rire de nostre asne.
C'est ce grand gouverneur maistre de vos feullées (1),
C'est ce réformateur, duquel dernièrement
Vous fustes effrayez quand par trop fièrement
Il vouloit de ses pas voz terres dépeuplées.

---

(1) Prononcez : *feuillées.*

Le malheur a voulu qu'il a battu sa femme,
Encore en ce pays, en étrange maison ;
Encor devant les gens, encore en tel *(sic)* saison :
La battre au mois de May ! n'est-ce pas ung difame ?

2° FOL.

Que dis-tu de cela ? Dor *(sic)* tu, Infanterie ?

MÈRE FOLIE

Voycy le jugement, devant tous les humains :
Que dans Rome il convient vivre comme Romains ;
Ergo gluc (1) ! je permets en faire l'asnerie.
Or pour la célébrer barbe faicte à la royne (2).
Et charbonniers, venez ; venez, jeunes fosteaulx,
Vous qui de voz maulons couppez lez balivaulx ;

---

(1) Voilà un de ces mots risibles, comme le cri de *hurelu-berelu* qu'on poussait au beau milieu de la lecture des brevets de réception. La Monnoye qui connaissait fort bien les documents les plus anciens de l'Infanterie dijonnaise (il en a tiré son nom de *Gui Barôzai*), se sert aussi de l'*ergo gluc*. (V. Œuvres de Lamonnoye, t. I, p. 284.) Cette expression, *ergo gluc*, se trouve dans Rabelais, *Harangue de maistre Janotus de Bragmardo*.

(2) Ce mot est écrit de la sorte dans le manuscrit ; cependant il ne rime pas avec le mot *fulaye* qu'on trouve plus loin. Pour le mot *asnerie*, il rime avec *infanterie*.

On vous semont aussy barbe d'aulte fustaye,
Granz hommes si craignez d'estre mis à l'amande (sic)
Ne faites pas défault. . . . .
Venez, vagners ; venez, bois raffaulz, rabondris,
Bas de fesses, courtaulx, venez que l'on vous mande.

1ᵉʳ VIGNERON

Et moy sera-je chien, je veu que l'on me pende
S'on ne m'y treuve aussy. Sambey, j'en veu bén estre !
Ai ce que j'en enten, ç'a de l'hôme dé boo
Don on veu pairôlay, compeire, ai longe rdo,
Emasson noz ôvrey, ey peu faison pairoestre
Que je voy bén de quey caquetay s'ay venien
Aussy bén dé foretz que de nostre sermen.

2ᵉ VIGNERON

Voisin, i te previn de bridai nostre porte ;
J'entan no dizeyney que je feray trôtay
Et l'ane que tu dy. J'en volo empretay
L'ung de ceu de Vesson o bén de Chevremorte,
Ma je cude, mai foy, qu'ai l'en y ay pu prô
De pety et de gran, et de veille et de frô.
Ai Dei, jeusqu'ai demain, que je diré lou reste ;
Ç'a t'aissé por ce soi tréselai ceste feste.

SECOND JEU

Personnages :

1ᵉʳ FOL, — 2ᵉ FOL, — 1ᵉʳ VIGNERON, — 2ᵉ VIGNERON.

La scène est à Dijon, devant le Palais.

1ᵉʳ FOL

Que nous falloit-il plus pour nostre Infanterie
Qui sembloit à d'aulcuns de tout point endormie,
Sinon que quelque fol (1) venu d'aultres pays
Donna (*sic*) commandement à nos joyeux déduits !

1ᵉʳ VIGNERON

Ung fô, ung ménetrey, vou queique grosse beste
Son cause bén sôvan dou pu bea de lai feste.

1ᵉʳ FOL

Les Folz, ces maistres folz, voire le plus grand maistre
Que l'on voit aujourd'huy parmy nous aultres naistre,

---

(1) Le grand maître des eaux et forêts.

Sans parler plus avant des forestz et des eaux
Sont, pour rire entre nous, des subjets assez beaux.

1ᵉʳ VIGNERON

I ayme meu parlai de queique bon vinaige
Qui croistray su dey play san grosle en noz finaige
Que déz-ea, ne dé bô, ne de m'en en môll ty
So por lé vendre au cham (vou) bén por le motay.

2º VIGNERON

Compeire, mon aymi, j'ayme (meu), je t'essure,
Ung gobelo de vin que tôte ea (1) lai pu pure
Que l'on peusse trôvay so (soit) en Louche ou Suzon
Bén qu'on l'o (2) notoyé por desso lé moison.

2º FOL, entrant en scène.

Infantiers, si faut-il se remettre en campaigne
Et faire retentir par bois et par montaigne
Vos anciennes vertus, aultrement l'on dira
Que l'honneur dijonnois pour jamais croupira.

---

(1) *Tôte ea, toute l'eau.*
(2) *Bien qu'on ait nettoyé* (le cours du Suzon) *par dessous les maisons* (de Dijon). Ce nettoyage du lit du Suzon devait se faire assez souvent. On cite le vicomte-mayeur, Jean Jacquinot, pour avoir fait « nétoyer, dit un manuscrit du temps, le cours de Suson en dedans la ville, pour y faire entrer l'eau au bien et commodité d'icelle, » en 1601.

Si n'avez des subjectz, faignez-en un pour rire ;
Les asnes de ce mois sont subjectz pour escrire (1).

1ᵉʳ FOL.

Les asnes de ce mois ? c'est ung pauvre subject !
Je couve en mon cerveau quelque plus beau project
Pour gausser entre nous et sans fascher personne.
. . . .

2ᵉ FOL.

Au moins est-ce ung subject qui de nous le mérite ?

1ᵉʳ FOL.

Non, non ! mais bien souvent cela ne nous incite
D'avoir de grands subjects, ni tousjours ne fault pas
Avoir grand argument pour prendre noz esbatz.
Nous n'avons tous les ans la naissance d'ung prince,
Nous n'avons tous les ans gouverneur de province
Pour lequel nous puissions à son advènement,
Ou retour désiré, prendre quelque argument,
Si qu'on (2) a veu parfois toute l'Infanterie
Par faulte de subject en beste convertie...
Mais or que nous avons pour rire une matière,
Qu'aujourd'huy nous voyons en ce lieu coustumière

---

(1) C'est-à-dire sont des sujets sur lesquels on peut écrire.
(2) Tellement que, si bien que.

Qui est que les maris, comme il semble à les veoir,
S'efforcent à l'envy de faire leur debvoir,
Sur leurs femmes toucher que la marque *elle por-* [*te* (sic).

1ᵉʳ VIGNERON

Ai fau, compeire, aussi que l'on len lor raipporte,
Ai n'y ey pa lon tam qu'ung gran milleri homme,
Ung gran, bén gran Mônsieu, pu gran que je ne som-
Qui bén gran moistre esto, sito qu'ay fu icy   [me,
Et qu'ai l'eu entendu que sai fanne dansy,
Pou meu entreteni lai queteume (1) louable,
Ly deny su lou groin (2) tôt aupré d'ene table.

2ᵉ FOL

C'est donc la jalousie qui le portait ainsi,
Car l'on dance à Paris aussi souvent qu'icy ;
L'on y rit, l'on y boit, et sans rien entreprendre
Les maris n'oseroient leurs femelles reprendre ;
Il y a d'aultres cas qui le firent fascher.

1ᵉʳ FOL

Je ne sçay ; toutefois l'on ne pourra cacher
S'il y a faulte ou non, mais c'est tousjours offence

---

(1) Coutume.
(2) *Lui donna sur la figure*, sous-entendu des soufflets, tandis qu'elle était à table.

Fouller femme aujourd'huy, qui est mise défence;
Selon son *preuvilleige* luy convient donc former
Une belle complainte affin d'en informer.

2ᵉ FOL

Point d'informations, son procès est jà faict;
Il est prêt à juger; il est du tout parfaict.
Il ne luy reste plus que luy trouver ung juge
Vers lequel sa Grandeur n'aura point de refuge,
Car la grandeur d'un grand, en nostre jugement,
(Non plus que ses raisons), ne nous plaist nullement.

Sus donc, asnes, venez, asnes de toutes sortes,
Asnes qui supportez les charges les plus fortes,
Qui portez les bauldetz, vous, petits anischons,
Venez accompagnés des petits baudichons
Qui ont desja couru par toute la paroisse,
Venez en brave rang, que par vous on cognoisse
Une fascheuse humeur d'ung de voz compagnons,
D'ung de voz favoris et des plus chers mignons.

C'est par trop caqueter des maris de la ville,
Il faut d'une façon desormais plus gentille
Faire ung asne troter, dès longtemps attendu,
Qui vous a son retour si chèrement vendu.

TROISIÈME JEU

Personnages :

2 PARISIENS, — 3 FOLS, — MÈRE FOLIE.

La scène est au même lieu que dans le jeu précédent.

1ᵉʳ PARISIEN

C'est trop souffrir à ceste Infanterie,
Braver, gausser, *asniser* et s'ébastre,
Aller en trouppe et faire les folastres,
Du faict duquel *ils mènent l'auderie ;*
Car c'est à nous, non à Mère Folie,
Les parfaicts fous suivre nostre ressort ;
Parlons à eux et soyons les plus forts ;
Ne craignons point toute leur *banderie* (1).

---

(1) Nous avons donné, dans la Préface, une explication des mots *asniser, mener l'auderie* et *banderie*.

2e PARISIEN.

..... Dictes, je vous en prie,
Ont-ils raison, parler d'ung si grand Maistre,
Homme d'Estat, de valeur et grand estre ?
Il ayme (1) mieux qu'il passe par noz mains,
Nous luy serons bien plus doux et humains :
Nostre nature est trop plus amiable.
Quoy ? pour avoir tourné son bras à table (2),
En faut-il tant sonner le tabourin ?
Il comptera à ma part cent florins,
Si nous n'avons le gain de ceste cause.

1er PARISIEN

Et moy aultant ! — Arrestons, faisons pause ;
Je les voy jà venir et approcher.

2e PARISIEN

Parler leur fault, et ne se point fascher :
Ce sont des folz !

---

(1) *Il ayme*, c'est-à-dire *il vaut*.
(2) Ne croirait-on pas entendre le Renard dans « les Animaux malades de la Peste : »

Eh quoi ? manger moutons, canaille, sotte espèce,
Est-ce péché ?

1ᵉʳ PARISIEN

       Folz gaussant par raison ;
Mais avant nuict, et que j'entre en maison,
Je sçaurai d'eux qu'ils ont éleus (1) de faire.
Bon soir, Messieurs ; dictes-nous quelle affaire
Vous mène ainsi ? qu'y a-t-il de nouveau ?

1ᵉʳ FOL

C'est le grand Maistre ez forestz et ez eaux
Qui a battu sa femme en nos limittes.

2ᵉ PARISIEN

Et depuis quand y a-t-il que le vistes ?

2ᵉ FOL (2)

Dé peu jeudy qu'ai l'allo aissé vite.
L'on étanlay (*étala*) su in plai dé sopite
Pendan qu'étô so lai taipisserie
Bén éffaimay. Lai, sai fanne jôlie
For piaisamen pairôlo de lai feste ;
Ai l'entendy que lai daime heneste (3)

---

(1) Mais avant qu'il ne soit nuit, et que je rentre à la maison, je saurai d'eux ce qu'ils ont décidé de faire.
(2) Il parle subitement le patois ; on ne sait pourquoi.
(3) Pour que le vers soit complet, il faut aspirer l'*h* d'honnête, en sorte que *dame* puisse compter pour deux syllabes.

Aivo dansé ; si en fu dépiaisan,
Tôrne lai main, li baille su lé dan
Tan qu'ai ly ai refilôlay lai trongne.
I croy, mai foy, qu'ai pensô qu'en Beurgongne
On n'eut osai en faire menay l'asne,
Car aussitost ai s'en ally ai Beane (1) ;
Ma l'on le dy ai lai Meire Fôlie,
Ai tô lé fô qui son de compeignie ;
Jaimoi ne vi en mai vie teille gen
Regaillardi, entendu, diligen
D'entreteny nostre bonne quetume.

1ᵉʳ FOL

Tant grand soit-il, on n'en quitte pas une (2) ;
Soit sages, folz, qu'en ce mois mesprendra,
Ja de noz mains eschapper ne pourra
Sans amender la faulte qu'il a faicte.

2ᵉ PARISIEN

Ce n'est à vous d'en mener asne en feste ;
Sa femme et luy ne sont de ce pays

---

(1) Il s'en alla à Beaune. On voit que *Beane* (prononcez *Biáne*) rime avec *âne* ; et c'est sans doute à cause de cette rime qu'on a dit *les ânes de Beaune*. Il n'en fallait autrefois pas davantage pour déterminer un sobriquet.

(2) *Une,* sous-entendu : *menée d'âne.*

Et néantmoings vous avez entrepris
Sur nous; mais tous avons l'intention
D'en obtenir prompte évocation :
Nous en faisons juge Mère Folie.

1ᵉʳ PARISIEN

Non, non! elle est leur mère et bonne amye;
Fault proposer noz récusation,
Car tous ces folz sont habitans Dijon;
Elle pourroit juger à l'avantage
De leur pays et nous porter dommage.

3ᵉ FOL

Mai foy, ne fay (1), car elle a bé trô seige;
J'en feray mise et j'en baillerai gaige.
Porquei vén-ty, juge dedan no bo,
Baitre sai fanne et se faire si gro?
Meire Fôlie entan bén l'ôrdônnance :
Lai vou l'on fraippe ai fau menai lai dance,
Et ne ai loi (2), gro livre ne bocquin
Qui ne l'ô di et ôrdenai ansin (*ainsi*).
Qu'ai l'en dise tô ce qu'ai li en sanne (3).

---

(1) Elle ne fait pas cela, elle n'agit pas ainsi.
(2) Et il n'y a lois, etc.
(3) Semble. — L'*e* de *dise* compte pour une syllabe.

MÈRE FOLIE

Non, je veulx bien que chacung me condampne
Si je ne dis en saine conscience
Mon jugement et tout ce que j'en pence.
Quant au premier l'on sçait que je suis Mère
De tous les folz, et que Bontemps leur père
A bien voulu me laisser le pouveoir
Que la mère (1) sur l'enfant doibt avoir;
Vous estes tous prestitz (2) de mesme paste
Et mes enfans ; donc que chacun se haste
D'ouïr ma voix. C'est mon intention
De débouter vostre évocation ;
Que l'asne soit mené en ceste ville...
Mon jugement est par provision
Et nonobstant toutte appellation
Que vous pourrés admectre dans cent an.

2ᵉ FOL

J'aivon gaigné! et vo z-éte dedan!
No somme heurou d'aivoi si seige meire!
I te barrai (*donnerai*) ai mai part deu z-épeire,
Pour espice son brave jugeman ;
Vo z-aivé bea ai refrongné lé dan.

---

(1) L'e final de *mère* compte pour une syllabe.
(2) *Pétris.*

QUATRIÈME ET DERNIER JEU

Personnages :

MERCURE, — MÈRE FOLIE. — 2 VIGNERONS, — ÉCHO

MERCURE

L'Altitonant qui des cieux tient l'empire
M'a icy bas envoyé pour vous dire
Qu'en l'assemblée et colloque ont les Dieux
     (décidé)
Que de ce grand l'Asne (1) s'achèvera,
En bel arroy, le plus tôt qu'on pourra.
. . . .
Ils ont résouz que les droictz de Bourgogne
Seront gardés, et que Mère Folie
Ayant esté si longtemps endormie

---

(1) L'asne, c'est-à-dire *l'asnerie*. — *Ce grand*, c'est du Tillet.

Se resveillast de son profond sommeil
Et sur sa trouppe elle gectast son œil.

. . . .

MÈRE FOLIE

Est-ce poinct là le messager des Dieux
Duquel je vois les yeux si radieux ?...
Dictes nous doncqs si c'est vostre plaisir,
De voz affaires nous avons grand désir.

(Mercure explique qu'il vient de la part de *Juppiter* pour publier l'arrêt des dieux, arrêt si bien fait qu'il n'y a point d'appel. Il poursuit emphatiquement en narrant la tenue, pendant six jours, de la céleste assemblée où brillèrent tous les Dieux « *en somptueux arroy,* » surtout Pluton (1),

. . . . qui se dit roy
Du creux manoir de la trouppe infernale...
La, à Juppin présente une requeste
Tendant à fin de troubler vostre feste.

(Mais il est débouté, et le jugement de Jupiter se trouve tout en faveur de la Mère Folie qui, aussitôt, engage ses « *braves enfans et ses petits amys* » à poursuivre leur jeu, et à faire sonnets et mélodies. Alors paraissent en scène deux vignerons.)

1ᵉʳ VIGNERON

Compeire, qui a-ce su qui
Qui parle si friandeman ?

---

(1) Le texte porte, par deux fois, *Platon* au lieu de *Pluton.*

Asse ung Vauldoy, in Jui,
In dialle vou in Allaman?
Ai dégoise bén fors aivan :
I n'entan ran ai son jargon.

2ᵉ VIGNERON

I croy qu'ai parle tot de bon.
Ai no conte de cé gran Dei
Don mon compeire l'Esveillei
No déproche sôvente foi.

1ᵉʳ VIGNERON

May foy, i croy que tu di voy (1);
S'a de Diane (2) que je voy,
Ce tey (*celle-là*) qui â daime dé bo
Et que dé cor ayme lés o.
Hé ! ç'a t-eille en ceste ruhē (*rue*) ;
Qu'elle sô lai tré bén venuē.

2ᵉ VIGNERON

Cé gen cy son venu dé nuē ?
Gaire tey voi (3) que je m'y prouche

---

(1) *Voy* est mis souvent pour *vrai*.
(2) C'est le cortège de Diane que je vois, celle qui est dame des bois, et qui aime les cours d'eau.
(3) *Gaire tey voi*, gare te voir, c'est-à-dire détourne-toi, que je m'approche.

In pou pu pré de ceté couche (*char*)
Por qu'en... (1) de quei s'en a.
O Dei ! gran Dei ! qu'ey l'y fai bea !
Compeire, de voy (*vrai*), qu'ey qu'en di-tu?
I seu san fôrce ne (*ni*) vortu
Quan i entand lai mélôdie ;
Ç'a lou cham de cette auderie
Que l'on componzay aivantei (*avant-hier*)
De ce moitre, de ce gran pey (2),
Moître des o et dé bresaille.

1er VIGNERON

S'ai l'eust entendu lai gaballe
Jaimoi ey n'eust esté condu
Dessu l'asne, pormi lai ville,
En lay maulle heure a l'ey venu.

2e VIGNERON

Ey se prouche bén pré dés tille...
Pu ne dormirai ai repo ;
Ai l'ey tremblay desjay de po
Se souvenan de l'asnerie.
Qu'asse qu'en dirai son aimie ?
Y croy qu'en serai aifôlai.

---

(1) Ce vers est à peu près illisible.
(2) Mot douteux ; on hésite entre *pey* ou *rey*, roi.

1ᵉʳ VIGNERON

Da, jarre, ç'a trô caquetai ;
Ai l'ey baitu sai daimoiselle.

2ᵉ VIGNERON

Morbey! ma, porquey danso-t-elle ?
Elle sçai sés complections.

MÈRE FOLIE

Ce sont de grandes passions
Qui donnent bien martel en teste ;
Mais il devoit faire la feste
De crainte d'estre scandaleux.
Au mois de May, en ceste ville,
Les maris les plus rigoureux
Laissent leur femme bien gentille
Maistresse dedans leur maison ;
Que des douze mois de l'année
La pauvre femme fortunée
Se puisse aider du droict commung!

ÉCHO

Ung.

MÈRE FOLIE

Je vous prie, qu'est-ce que j'entends ?

ÉCHO

Tends.

MÈRE FOLIE
Est-ce Echo, la triste pucelle?

ÉCHO
Elle.

MÈRE FOLIE
Mais d'où viens-tu? Pour Dieu, dis-moy?

ÉCHO
Oy?

MÈRE FOLIE
Qui es-tu! Point je ne te voy (*vois*).

ÉCHO
Voy (*vrai*).

1ᵉʳ VIGNERON
Asse in Equon (*écho*) que so iqui?

ÉCHO
Qui?

2ᵉ VIGNERON
Morbey! qu'asson qu'elle veult dire?

ÉCHO
Rire.

MÈRE FOLIE

De quoy donc voulez-vous rire?
Est-ce de nostre Infanterie?

ÉCHO

Rie.

MÈRE FOLIE

Les Dieux en sont-ils resjoui?

ÉCHO

Ouy!

MÈRE FOLIE

De battre y a-t-il quelque esbatz?

ÉCHO

Batz!

MÈRE FOLIE

Qui bat, est-il pas bien infame?

ÉCHO

Fame.

MÈRE FOLIE

Cognoissés vous poinct ce Manceault?

ÉCHO

Sot!

MÈRE FOLIE

A-t-il crédit vers les forestz ?

ÉCHO

Retz.

MÈRE FOLIE

A-t-il battu sa femme icy ?

ÉCHO

Si.

MÈRE FOLIE

Et qu'est-ce qu'en dit la Bourgoingne ?

ÉCHO

Ingne !

MÈRE FOLIE

Il (*du Tillet*) est bien en très grandz cou-
[roux ?

ÉCHO

Roux.

MÈRE FOLIE

Dis-moy : rire nuira-t-il pas ?

ÉCHO

Pas.

1ᵉʳ VIGNERON

Que deale (*diable*), assé que j'entan ?

Asse poin l'ame d'ung sorgen
Qui a tenu en pécatoire (*purgatoire*)
Por ce qu'ey n'ey pa vôlu croire?

2ᵉ VIGNERON

Naini; ç'a Plouton de la ba
Qu'ey fai, pordey, queique raipea
Aivô lai grosse Droulerie
Por veni voi lai compaignie.

1ᵉʳ VIGNERON

On se môque de l'asnerie,
Ma portan l'on voi que lé Dieu
Son qui (*ici*) logeai en ce ba lieu
Et de no voi on gran envie.

2ᵉ VIGNERON

Pensé vô que Meire Fôlie
No doibt credey envar lé gran?

1ᵉʳ VIGNERON

Pardey, elle lairey (*laissera*) les gan!
— Ça tro couzai, ai no fau boire;
Tôt cé jan que son lai dedan
On barroutey, ai lou fau croire.
J'an voy iqui beacou (*beaucoup*) qui foire;
Lai soi enjarre (*engendre*) lai guignance;

Comme ce monsieur Migard
Ey fau in pou (*peu*) rampli lai pance
Et frôtai nostre pain de lard.
Ma, ce pendan, Meire Folie,
Boutés lai fin de l'asnerie;
Envoyés tot cés asne poistre
Et ne palon pu dou gran Moistre.
. . . .

Essignés tot lé peire fou
Se treuvai dimainche prouchain
Dan lou cloistre dou Vaudéchou
Por continuai nostre train.

LA CHANSON DES SATYRES

Quand de Deucalion les cailloux animés
Dans le vuide Univers en hommes transformés
Eurent peuplé le monde, et que la race dure
Encore resentant sa première rigueur,
Loin de l'humanité, sans pitié, sans douceur,
Errante par les bois, vivoit à l'avanture;

Jupin à qui despleut ce peuple nouveau-né
Pour froisser le rempar de son cueur entourné
D'un rocher de rigueurs, lors fict naistre la fame,
Animal tout courtois, tout doulx, tout gratieux,
A laquelle il donna mille attraitz amoureux,
Propres pour adoucir la fierté de leur ame,

Alors il n'y eust Dieu qui ce faict n'advoua;
Phœbus de ses cheveux richement la doua,
Pallas de son sçavoir, Python de l'éloquence,

La Cyprine du rys; mais, par sus tout, Amour
Voulut dedans ses yeulx eslire son séjour,
Et son arc et ses traictz, il mit en sa puissance.

Elle, alors, soubz ses pieds captiva l'Univers;
Elle eschella le ciel, pénétra les Enfers,
Et brusla soubz les eaux le trident de Neptune;
Elle alla sur les monts les Faunes enflammer,
Elle vint dans ces bois nous aprendre à aymer,
Et nous fit soubz ses loix courir mesme fortune.

Le gran Pan forestier, de Syrinx amoureux,
Pour la femme quicta les antres ombrageux,
Et nous, le plus souvent, à course vagabonde
Les Nymphes poursuivons, afin que leurs douceurs
Donnent allègement à noz chaudes fureurs,
Car la femme n'est rien que la douceur du monde.

Arrière donc d'icy, vous, fantasques Silvains,
Arrière, loingt de nous, forestiers inhumains,
Indignes que l'amour en rien vous favorise;
Comme osez-vous, mutins, traicter si rudement
Celle que vous devriés caresser chèrement :
La femme est mise au monde afin qu'on la courtise.

www.ingramcontent.com/pod-product-compliance
Lightning Source LLC
LaVergne TN
LVHW022124080426
835511LV00007B/1019